# le pull

ler pool

# T-shirt

# Clothes

# Les vêtements

leh vet-*moh*

**Illustrated by Clare Beaton**

Illustré par Clare Beaton

b small publishing

# jumper

# le tee-shirt

ler tee-*shirt*

dress

# la robe

lah rob

# trousers

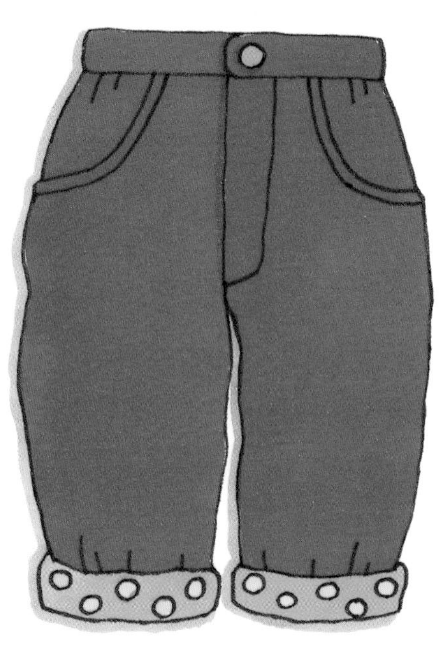

# le pantalon

ler pont-er-*loh*

# skirt

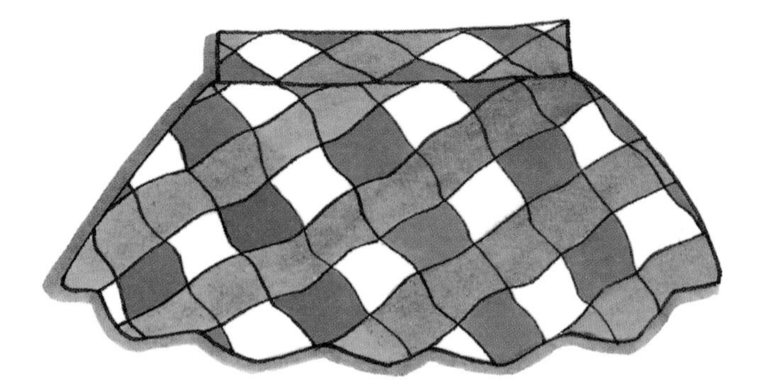

# la jupe

lah shoop

# shorts

# le short

ler short

# shoes

# les chaussures

leh show-*sewer*

# pyjamas

# le pyjama

ler pee-shah-*mah*

# hat

# le chapeau

ler shap-*o*

# socks

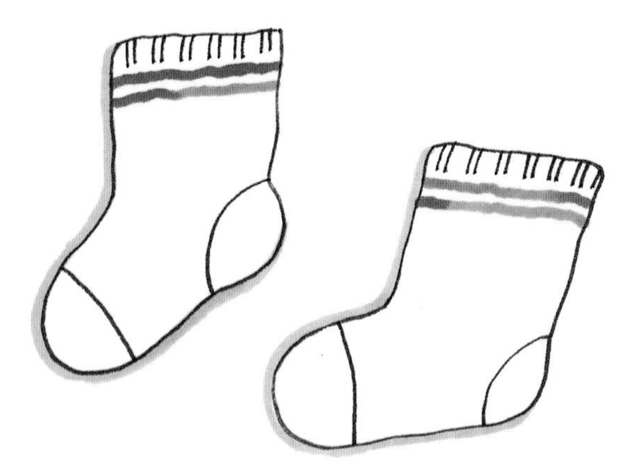

# les chaussettes

leh show-*set*

# coat

# le manteau

ler mont-*o*

## A simple guide to pronouncing the French words

- Read this guide as naturally as possible, as if it were standard British English.
- Put stress on the letters in *italics* e.g. leh show-*set*
- Don't roll the r at the end of the word, e.g. in the French word le (the): ler.

| | | |
|---|---|---|
| Les vêtements | leh vet-*moh* | **Clothes** |
| le pull | ler pool | **jumper** |
| le tee-shirt | ler tee-*shirt* | **T-shirt** |
| la robe | lah rob | **dress** |
| le pantalon | ler pont-er-*loh* | **trousers** |
| la jupe | lah shoop | **skirt** |
| le short | ler short | **shorts** |
| les chaussures | leh show-*sewer* | **shoes** |
| le pyjama | ler pee-shah-*mah* | **pyjamas** |
| le chapeau | ler shap-*o* | **hat** |
| les chaussettes | leh show-*set* | **socks** |
| le manteau | ler mont-*o* | **coat** |

Published by b small publishing
The Book Shed, 36 Leyborne Park, Kew, Richmond, Surrey, TW9 3HA, UK
www.bsmall.co.uk

4 5 6

Printed in China by WKT Company Ltd.
ISBN-13: 978-1-874735-30-4 (UK paperback)
Cataloguing-in-Publication Data:
A catalogue record for this book is available from the British Library